DINOSAURIOS

Y ANIMALES PREHISTÓRICOS

LIBSA

© 2023, Editorial LIBSA
C/ Puerto de Navacerrada, 88
28935 Móstoles (Madrid)
Tel.: (34) 91 657 25 80
e-mail: libsa@libsa.es
www.libsa.es

Textos: Carmen Martul Hernández

ISBN: 978-84-662-4139-7

DL: M-19771-2022

EL MUNDO ANIMAL
DE HACE MILLONES DE AÑOS

¿En la Tierra siempre han vivido los mismos animales? ¿Eran tan grandes las criaturas de tiempos prehistóricos? ¿Qué comían y cómo vivían? ¿Por qué han desaparecido los animales más antiguos? ¿También desaparecerán los que nos rodean ahora?

Estas son solo una parte de las muchas preguntas que responde este libro. En él encontrarás cómo fueron algunos de los animales más interesantes que vivieron en la Tierra desde sus comienzos hasta la aparición del hombre prehistórico. Podrás conocer qué tamaño tenían, de qué se alimentaban, dónde vivían, si les gustaba vivir solos o estar acompañados, si eran buenos nadadores o campeones de la velocidad... En definitiva, podrás conocer todo de unos animales que ya no existen, pero que se han hecho famosos como motivo de inspiración de muchas historias y películas.

¡Adentrémonos en el fascinante mundo animal de la prehistoria!

DINODATOS

Tamaño
4-10 m de longitud y hasta 7 m de altura

Peso
600-4 000 kg

Dieta
Vegetación a ras de suelo o partes bajas de los árboles

Significado del nombre
Lagarto ancho

▼ Al *Plateosaurus* le resultaba muy fácil encontrar comida gracias a su largo cuello, que le permitía alimentarse tanto de vegetación baja tipo helechos, como de las hojas de las copas de los árboles.

▼ Su larga cola, que medía más de la mitad de su longitud total, le servía para equilibrar su cuerpo.

▼ Tenía brazos cortos, pero robustos, terminados en manos y con fuertes garras en tres de sus dedos, especialmente la del pulgar.

◀ Sus patas traseras eran poderosas.

▶ Sus garras le servían para defenderse y arrancar las hojas que comía.

Defensa

Cuando un enemigo se le acercaba, se erguía sobre las patas traseras apoyándose en la cola, de forma similar a un trípode, e intentaba golpear con las garras de las patas delanteras, especialmente con la enorme garra del pulgar, que actuaba como una daga.

4

TRIÁSICO
HACE 252-201 MILLONES DE AÑOS

JURÁSICO
HACE 200-145 MILLONES DE AÑOS

CRETÁCICO
HACE 145-66 MILLONES DE AÑOS

PLATEOSAURUS

De los primeros grandes herbívoros

El *Plateosaurus* fue descubierto en 1834 y es uno de los dinosaurios mejor conocido y más estudiado.

▲ Tenía 5-6 dientes en el premaxilar, alrededor de 30 en el maxilar y unos 28 en la mandíbula inferior. Los dientes eran pequeños, con la parte superior casi plana y el borde en forma de sierra, lo que le permitía triturar las plantas.

▲ Una de sus características más interesantes es que tenía una especie de bolsas estrechas en las mejillas donde guardaba el alimento mientras lo masticaba.

▶ Buscando comida en manada

El mayor yacimiento de *Plateosaurus* se localizó cerca de la ciudad de Trossingen, en Alemania. Allí se encontraron alrededor de 150 esqueletos, casi 40 de ellos completos, formando grupos. Esto hace pensar que el *Plateosaurus* vivía en grandes manadas que recorrían las llanuras en una constante búsqueda de alimento. Aunque otros investigadores piensan que vivían solos y que los restos se han encontrado reunidos porque fueron arrastrados por una riada.

PALEÓGENO	NEÓGENO	CUATERNARIO
HACE 65-23 MILLONES DE AÑOS	HACE 23-2,5 MILLONES DE AÑOS	HACE 2,5 MILLONES DE AÑOS-ACTUALIDAD

▲ Icnitas de *Dilophosaurus*. Las icnitas son las huellas o señales de actividad dejadas en los sedimentos o las rocas por un organismo.

▶ Vivir en grupo

S e ha sugerido que este dinosaurio vivía en pequeños grupos sociales formados por un macho alfa y muchas hembras, y que quizá cazaban de modo similar a los leones. Viviendo en grupo les resultaría mucho más fácil abatir y sorprender a una presa. Las hembras empollaban los huevos durante un tiempo y se iban turnando para mantenerlos calientes.

Doble cresta

El rasgo distintivo del *Dilophosaurus* era la doble cresta ósea que lucía en la parte superior del cráneo, que formaba una especie de V en la cabeza. Al parecer, le servía para exhibirse delante de las chicas.

▲ La cola le servía para mantener el equilibrio mientras corría. Algunos piensan que también la apoyaba en el suelo cuando descansaba.

▶ A pesar de que tenía huesos finos y ligeros, era un dinosaurio grande y robusto, un gran depredador que podía alcanzar hasta 38 Km/h en intervalos cortos, aunque no podía mantener esa velocidad durante demasiado tiempo.

▶ Sus pies acababan en tres dedos anchos con garras afiladas y curvadas, y además tenían un espolón que apuntaba hacia atrás como el de las aves actuales.

TRIÁSICO	JURÁSICO	CRETÁCICO
HACE 252-201 MILLONES DE AÑOS	HACE 200-145 MILLONES DE AÑOS	HACE 145-66 MILLONES DE AÑOS

DILOPHOSAURUS

El terror de principios del Jurásico

Dilophosaurus fue uno de los primeros dinosaurios depredadores grandes. Esbelto y de constitución ligera, su tamaño era casi la mitad de un *T. rex*.

▶ El cuello era largo y flexible. Es probable que estuviera flexionado en ángulo recto. Las vértebras eran muy ligeras, con la parte central ahuecada, lo que le permitía gran variedad de movimientos.

◀ Probablemente se atracaba con los restos de dinosaurios muertos.

▲ Sus brazos eran largos, finos y fuertes y terminaban en cuatro dedos con garras muy afiladas.

DINODATOS

Tamaño
6-7 m de longitud
y unos 3 de altura

Peso
400 kg

Dieta
Otros dinosaurios, peces y carroña

Significado del nombre
Lagarto de dos crestas

PALEÓGENO	NEÓGENO	CUATERNARIO
HACE 65-23 MILLONES DE AÑOS	HACE 23-2,5 MILLONES DE AÑOS	HACE 2,5 MILLONES DE AÑOS-ACTUALIDAD

STEGOSAURUS

Un extraño coloso

Este dinosaurio es inconfundible, con su gran corpachón y su minúscula cabeza, púas afiladas en la cola y placas sobresaliendo del lomo.

DINODATOS

Tamaño
9-12 m de largo y unos 4 m de altura

Peso
Alrededor de 5 toneladas

Dieta
Comía plantas que crecían cerca del suelo

Significado del nombre
Lagarto cubierto

¡Aléjate, que pincho!

Si las placas que se elevaban verticales sobre el dorso no conseguían alejar a sus atacantes, el *Stegosaurus* contaba con otra arma defensiva: unas púas muy afiladas situadas al final de la cola.

Parejas de púas de la cola.

▶ Un astuto engaño

Si eres un dinosaurio herbívoro, aunque grande y pesado, has de poner en práctica algún truco para no convertirte en parte del menú diario de los predadores. ¿Qué tal una doble fila de enormes placas en el lomo para parecer más alto?

▼ Su cabeza medía solo 40 cm de largo, y tenía una boca sin dientes delante y terminada en un pico.

▶ Parece que tenía dos cerebros, uno pequeño en la cabeza, y otro algo más grande en la zona de la cadera.

▶ Las patas traseras eran el doble de largas que las delanteras, lo que provocaba la postura inclinada del cuerpo, con la cabeza bastante cerca del suelo.

▶ Era un animal de movimientos muy lentos, que vivía en manadas.

PALEÓGENO	NEÓGENO	CUATERNARIO
HACE 65-23 MILLONES DE AÑOS	HACE 23-2,5 MILLONES DE AÑOS	HACE 2,5 MILLONES DE AÑOS-ACTUALIDAD

APATOSAURUS

Tan largo como una pista de tenis

Este dinosaurio era un herbívoro
de dimensiones gigantescas.
Pero su tamaño no resultaba
suficiente defensa contra los grandes
depredadores de la época; por eso, parece que
vivía en manadas, cuanto más numerosas, mejor.

DINODATOS

Tamaño
21-23 m de longitud
y 5 m de altura

Peso
23 a 30 toneladas

Dieta
Todo tipo de vegetales

Significado del nombre
Lagarto engañoso

Su cola tenía forma de látigo; con ella golpeaba el suelo y producía un ruido ensordecedor, que asustaba a cualquiera.

Sus patas recuerdan a las del elefante, por su forma similar a una columna y sus pies anchos que repartían bien el peso del cuerpo. Las patas delanteras eran algo más cortas que las traseras y en ambas los huesos eran compactos y muy robustos.

En cada pata delantera tenía solo una gran garra que probablemente usara para clavarla en los troncos y alzarse sobre las patas traseras.

TRIÁSICO	JURÁSICO	CRETÁCICO
HACE 252-201 MILLONES DE AÑOS	HACE 200-145 MILLONES DE AÑOS	HACE 145-66 MILLONES DE AÑOS

Su cerebro era como una manzana grande. Su peso suponía un 0,001% del peso total de su cuerpo, lo que sugiere que no era muy listo...

Este animal, uno de los más grandes que han existido en la Tierra, tenía un «truco» para aligerar su peso: huesos con agujeros y sacos de aire.

Se alimentaba de plantas, pero sus mandíbulas eran muy débiles para masticarlas, así que las engullía enteras, y luego tragaba piedras para que las molieran en el estómago.

El cuello era ancho y fuerte. Lo llevaba recto y paralelo al suelo.

Es poco probable que la garra de las patas delanteras fuera un arma de defensa. Su uso estaba más relacionado con la alimentación y la excavación del nido.

¿Ponía huevos?

Definitivamente, sí. El *Apatosaurus* ponía huevos, que dejaba protegidos dentro de hoyos excavados en la tierra. A pesar del gran tamaño del animal, los huevos no eran mucho más grandes que los de un avestruz.

PALEÓGENO
HACE 65-23 MILLONES DE AÑOS

NEÓGENO
HACE 23-2,5 MILLONES DE AÑOS

CUATERNARIO
HACE 2,5 MILLONES DE AÑOS-ACTUALIDAD

Dientes fosilizados de *Pliosaurus*.

▶ Un temible animal

Ningún habitante de los mares escapaba con vida de la persecución de este gran predador: calamares gigantes, tiburones y peces de todos los tamaños, incluso daba caza a sus propios parientes. En esta tarea parece que le ayudaba su excelente olfato, que le permitía detectar a las posibles presas desde una gran distancia.

▷ Las patas traseras eran más grandes que las delanteras.

▶ Nadaba agitando las aletas arriba y abajo, como si «volase» dentro del agua. Así conseguía desplazarse a gran velocidad.

El cuello era corto y sostenía una cabeza muy grande. Pero el cerebro era de pequeño tamaño, parecido al del tiburón blanco actual.

TRIÁSICO	JURÁSICO	CRETÁCICO
HACE 252-201 MILLONES DE AÑOS	HACE 200-145 MILLONES DE AÑOS	HACE 145-66 MILLONES DE AÑOS

PLIOSAURUS

Superpredador de los océanos

¿Creías que el *Tyrannosaurus* era el animal más temible de la prehistoria? Pues el *Pliosaurus* le ganaba. Su poderosa anatomía y su elaborada estrategia de caza le convirtieron en el más peligroso cazador de los mares jurásicos.

DINODATOS

Tamaño
Hasta 13 m de longitud y 3,6 m de altura

Peso
4-9 toneladas

Dieta
Peces y reptiles marinos

Significado del nombre
Más cercano al lagarto

▲ Tenía unos dientes gigantescos y poderosos, ¡de hasta 30 cm de largo!

Mandíbula poderosa

Su mandíbula, de más de 3 m de largo, puede haber ejercido más presión que la de cualquier otro animal conocido, 10 veces más que cualquier animal actual, e incluso cuatro veces más que el tiranosaurio.

▲ Estaba muy adaptado al medio acuático, pero como todo reptil, necesitaba salir a la superficie a respirar.

PALEÓGENO
HACE 65-23 MILLONES DE AÑOS

NEÓGENO
HACE 23-2,5 MILLONES DE AÑOS

CUATERNARIO
HACE 2,5 MILLONES DE AÑOS-ACTUALIDAD

Cola supersónica

La larguísima cola del *Diplodocus* era su única arma defensiva ante los grandes carnívoros de la época y la utilizaba con habilidad, haciéndola restallar como un látigo a gran velocidad. Así producía un sonido tan atronador y contundente, que sus enemigos se apartaban con rapidez y huían asustados.

El *Diplodocus* tenía una cabeza reducida en comparación a su cuerpo, parecida a la de un caballo, y su cerebro era muy pequeño.

Sus dientes pequeños y puntiagudos estaban agrupados en la parte delantera de su boca. Eran delgados y dirigidos hacia delante, y los remplazaba muy rápidamente, aproximadamente cada 35 días.

DINODATOS

Tamaño
26 m de longitud y 6,5 m de altura

Peso
Entre 10 y 25 toneladas

Dieta
Vegetación a unos 4-11 m del suelo

Significado del nombre
Doble viga

TRIÁSICO	JURÁSICO	CRETÁCICO
HACE 252-201 MILLONES DE AÑOS	HACE 200-145 MILLONES DE AÑOS	HACE 145-66 MILLONES DE AÑOS

DIPLODOCUS

«El puente que camina»

Los científicos lo llaman así porque sus cuatro patas eran como pilares de soporte y su columna vertebral sostenía el cuerpo de la misma manera en que un puente con cables sostiene un camino.

▶ El *Diplodocus* era herbívoro. Normalmente se alimentaba de hojas y ramas que estaban a unos 4 m de altura, pero como podía levantarse sobre las patas traseras, era capaz de alcanzar también los brotes más altos.

◀ Su inmensa cola tenía más de 80 vértebras.

🔺 La cola era muy pesada y medía unos 14 m. Hacia el centro tenía un par de huesos cuya misión era proteger las vértebras y evitar que, si chocaba contra el suelo, se aplastasen los huesos.

▶ Sus patas eran parecidas a las de un elefante, con una única garra en cada pata delantera.

🔺 Su enorme cuello medía 8 m.

15

◀ Sus cuatro patas eran muy fuertes y macizas, ya que tenían que sostener muchísimo peso.

PALEÓGENO	NEÓGENO	CUATERNARIO
HACE 65-23 MILLONES DE AÑOS	HACE 23-2,5 MILLONES DE AÑOS	HACE 2,5 MILLONES DE AÑOS-ACTUALIDAD

Colonias de pollitos

Hace algo más de 100 millones de años, en la cuenca de Turpan-Hami, al noroeste de China, una tormenta destruyó un nido de reptiles voladores con centenares de huevos sin eclosionar. El agua los arrastró hasta un lago y el fondo se los tragó para siempre: los pequeños quedaron fosilizados antes de nacer. El descubrimiento apunta a que estos animales cuidaban de sus crías en nidos comunitarios.

Huevos fosilizados de reptiles voladores (Turpan-Hami, China).

Sus alas eran membranas de músculo y piel sostenidas por el cuarto dedo de la mano, muy largo. Al igual que en los murciélagos, se extendían hasta las patas.

Toda la habilidad que tenía en el aire, la perdía cuando se posaba en tierra. Aquí se desplazaba torpemente apoyando las alas y arrastrando las patas traseras.

DINODATOS

Tamaño
90-150 cm de envergadura alar

Peso
Entre 1 y 4,5 kg

Dieta
Peces, invertebrados y pequeños animales

Significado del nombre
Dedo alado

TRIÁSICO	JURÁSICO	CRETÁCICO
HACE 252-201 MILLONES DE AÑOS	HACE 200-145 MILLONES DE AÑOS	HACE 145-66 MILLONES DE AÑOS

PTERODACTYLUS

El rey de los cielos prehistórico

Técnicamente no es un dinosaurio, sino el primer reptil con alas del que se tuvo noticias. ¡Los reptiles prehistóricos también podían volar!

◀ A medida que el animal crecía, iba desarrollándose la cresta que adornaba su cabeza

◀ El cuello era largo, y cubierto de largas picnofibras parecidas a cerdas.

◀ Igual que los pelícanos actuales, el *Pterodactylus* tenía una especie de «bolsa», llamada saco gular, situada debajo del pico. En ella almacenaba todo lo que pescaba y así lo llevaba hasta su casa.

¿Qué comía?

Era un animal carnívoro con una dieta muy variada, que incluía desde invertebrados a otros pequeños animales terrestres.
Aunque su alimento favorito eran los peces; por eso vivía cerca de lagos y mares poco profundos.

PALEÓGENO	NEÓGENO	CUATERNARIO
HACE 65-23 MILLONES DE AÑOS	HACE 23-2,5 MILLONES DE AÑOS	HACE 2,5 MILLONES DE AÑOS-ACTUALIDAD

Fósil de *Archaeopteryx*.

Las alas eran grandes, con los extremos de forma redondeada. Pero no se sabe con certeza si podría volar aleteando como las aves, o solo planear en descenso desde las ramas de los árboles.

La cola era muy larga, en comparación con el cuerpo, y de estructura ósea, como la de los dinosaurios.

DINODATOS

Tamaño
Unos 50 cm de longitud
y 25 cm de altura

Peso
Hasta 1 kg

Dieta
Sobre todo, insectos
de pequeño tamaño

Significado del nombre
Ala antigua

Las extremidades posteriores tenían los huesos muy largos, lo que sugiere que era un animal corredor, y tenían tres dedos con garras que le podrían haber servido para trepar a los árboles.

TRIÁSICO
HACE 252-201 MILLONES DE AÑOS

JURÁSICO
HACE 200-145 MILLONES DE AÑOS

CRETÁCICO
HACE 145-66 MILLONES DE AÑOS

ARCHAEOPTERYX

Un animal entre los dinosaurios y las aves

Tenía alas con una cobertura tupida de plumas, lo que le asemejaba a las aves, pero su boca estaba llena de dientes pequeños, afilados y puntiagudos, como los de muchos dinosaurios.

Su cerebro era similar al de los gorriones o los loros.

Archaeopteryx poseía una excelente vista y muy buen oído.

Tenía un tamaño solo un poco más grande que el de una urraca actual.

Las patas anteriores estaban transformadas en alas, con plumas y tres dedos terminados en afiladas garras.

¿Ave o dino?

El *Archaeopteryx* no era más grande que un cuervo actual. Desde el descubrimiento de los primeros fósiles ha sido considerado como el eslabón entre los reptiles y el grupo de las aves.

Parece que obtenía su alimento tanto en el suelo como en los árboles.

PALEÓGENO	NEÓGENO	CUATERNARIO
HACE 65-23 MILLONES DE AÑOS	HACE 23-2,5 MILLONES DE AÑOS	HACE 2,5 MILLONES DE AÑOS-ACTUALIDAD

▶ ¿Quién podía escapar de la caza en grupo?

▶ Un peligroso depredador

Este dinosaurio contaba con todo lo necesario para que no se le escapase ninguna presa: se movía con agilidad, tenía buena vista y un olfato muy fino para detectar a sus víctimas, unos brazos largos con dedos terminados en garras afiladas para sujetar a la presa, una enorme garra en cada pie que usaba como una navaja y unos dientes afilados, curvos y con el borde aserrado, perfectos para desgarrar la carne.

Una garra enorme y letal

Este dinosaurio tenía una enorme garra curvada en el segundo dedo de cada pie, que se cree que mediría unos 24 cm de largo. Cuando cazaba una presa, le clavaba esa terrible daga para desgarrar la carne.

◀ Corría con el segundo dedo levantado para proteger la garra.

▲ Al moverse, la cola equilibra la gran longitud de los brazos.

TRIÁSICO
HACE 252-201 MILLONES DE AÑOS

JURÁSICO
HACE 200-145 MILLONES DE AÑOS

CRETÁCICO
HACE 145-66 MILLONES DE AÑOS

UTAHRAPTOR

Uno de los más fieros dinos carnívoros

Este animal combinaba el cuerpo ligero y de movimientos ágiles de los dinosaurios carnívoros de menor tamaño, con la cabeza de gran tamaño y las poderosas mandíbulas de los tiranosaurios. El resultado: un temible cazador.

DINODATOS

Tamaño
5-7 m de largo y 1,5 m de altura (hasta la cadera)

Peso
Algo menos de 500 kg

Dieta
Carnívoro

Significado del nombre
Depredador de Utah

Cada uno de sus dientes tenía el tamaño de un dedo de nuestra mano.

Los brazos eran largos y es posible que estuvieran cubiertos de plumas. Terminaban en uñas afiladas.

PALEÓGENO
HACE 65-23 MILLONES DE AÑOS

NEÓGENO
HACE 23-2,5 MILLONES DE AÑOS

CUATERNARIO
HACE 2,5 MILLONES DE AÑOS-ACTUALIDAD

La cola estaba reforzada y, cuando caminaba, la llevaba en posición casi horizontal y paralela al suelo.

DINODATOS

Tamaño
Entre 9 y 12 m de largo y unos 3 m de altura

Peso
Entre 3 y 4,5 toneladas

Dieta
Comía vegetales, incluso los más duros

Significado del nombre
Diente de iguana

Podía caminar con las cuatro patas, pero apoyando en el suelo únicamente los dedos o las palmas de manos y pies.

Pero también caminaba sobre dos patas y, en esa posición, era capaz de alcanzar una velocidad de 24 Km/h.

TRIÁSICO
HACE 252-201 MILLONES DE AÑOS

JURÁSICO
HACE 200-145 MILLONES DE AÑOS

CRETÁCICO
HACE 145-66 MILLONES DE AÑOS

IGUANODON

El segundo dinosaurio que se descubrió

¿Qué tipo de animal es este? Algo parecido debieron preguntarse los científicos cuando descubrieron los dientes de un ser hasta entonces desconocido. Esos dientes parecían los de un reptil, pero... ide un tamaño descomunal!

▲ La boca terminaba en un pico sin dientes. Estos se situaban en la parte de atrás y, cuando un diente se desgastaba, otro lo sustituía.

▶ Una mano sorprendente

La mano del *Iguanodon* terminaba en cinco dedos. Los tres centrales estaban muy unidos, pero el meñique y el pulgar eran especiales. El meñique era largo y lo podía doblar para agarrar objetos. El pulgar era grande y tenía una garra que usaba como defensa o para partir los frutos más duros.

Dientes de iguana

El nombre que se le dio se debe a que sus dientes eran muy similares a los de una iguana en cuanto a su forma, pero de un tamaño gigantesco y distribuidos en bloques, no repartidos de manera uniforme.

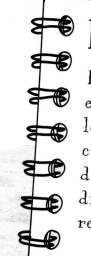

PALEÓGENO	NEÓGENO	CUATERNARIO
HACE 65-23 MILLONES DE AÑOS	HACE 23-2,5 MILLONES DE AÑOS	HACE 2,5 MILLONES DE AÑOS-ACTUALIDAD

CAUDIPTERYX

Del tamaño de un pavo real grande

Al observar a este animal, te preguntarás: ¿se trata de un reptil o un ave? Pues a pesar de su cuerpo emplumado, los brazos parecidos a alas y la cola en abanico, ¡es un reptil, como todos los dinosaurios!

Tragaba piedras para triturar la comida en el estómago.

Tanto las plumas de la co como las de los brazos s parecían a las de las ave actuales.

La cola era corta y terminaba en un abanico de plumas.

Emplumado, pero terrestre

Además de las plumas cortas y pequeñas que cubrían todo su cuerpo, *Caudipteryx* tenía unas plumas largas y en forma de alas que partían del segundo dedo de la mano y otro abanico de ellas al final de la cola. Estas plumas largas podían medir hasta 20 cm y estaban brillantemente coloreadas. Pero teniendo en cuenta su tamaño, es imposible que le sirvieran para volar.

1 m

Comparación de tamaño entre un *Caudipteryx* y un gato.

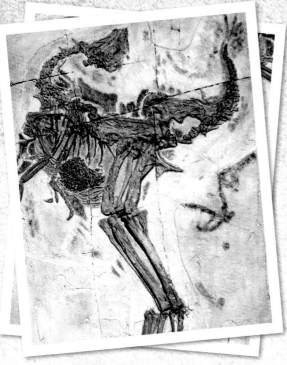

Molde de fósil de *Caudipteryx* del Museo de Historia Natural de Viena.

▶ Un pico parecido al de un ave

Las mandíbulas de este dinosaurio terminaban en una especie de pico, duro, fuerte y en forma de gancho, provisto de solo cuatro dientes largos y finos en el extremo superior. Con esta estructura atrapaba y comía a las presas, que eran, sobre todo, insectos, lagartijas, y aves y mamíferos pequeños.

Las patas traseras eran muy largas, lo que hace pensar que se trataba de un corredor bastante veloz. Eran delgadas y fuertes, más del doble de largas que las delanteras, y acabadas en garras.

Los brazos eran delgados y terminaban en tres dedos largos.

25

DINODATOS

Tamaño
Hasta 1 m de largo y unos 75 cm de altura

Peso
Entre 6 y 7 kg

Dieta
Animales pequeños

Significado del nombre
Cola emplumada

PALEÓGENO
HACE 65-23 MILLONES DE AÑOS

NEÓGENO
HACE 23-2,5 MILLONES DE AÑOS

CUATERNARIO
HACE 2,5 MILLONES DE AÑOS-ACTUALIDAD

▎▶ Siempre cerca del agua

Parece que *Suchomimus* vivía en ambientes con abundante agua, donde le resultaba más fácil encontrar su alimento favorito: los peces. Se cree que su técnica para capturarlos era similar a la que emplea el oso pardo actual: se colocaba en la orilla del agua apoyado en sus cuatro patas y permanecía inmóvil hasta que avistaba una presa; con un movimiento rápido la enganchaba con sus poderosas garras y la sacaba del agua.

¡Ñam, que te como!

En su hocico, similar al de un cocodrilo, se abría una enorme boca armada con más de 100 dientes. Los de la punta del hocico eran más largos y afilados para morder bien las presas y el resto se curvaban hacia atrás para no dejarla escapar.

▲ Otra semejanza con el cocodrilo son las fosas nasales: muy largas y estrechas, y situadas en la parte superior del hocico para que queden fuera del agua al nadar.

TRIÁSICO
HACE 252-201 MILLONES DE AÑOS

JURÁSICO
HACE 200-145 MILLONES DE AÑOS

CRETÁCICO
HACE 145-66 MILLONES DE AÑOS

SUCHOMIMUS

El dinosaurio cocodrilo

Aunque no es tan popular como otros, este dinosaurio fue un fiero, temible y aterrador animal, un gigante de enormes proporciones al que nadie se atrevía a desafiar.

DINODATOS

Tamaño
Unos 11 m de largo y 3 m de altura

Peso
Entre 3 000 y 5 000 kg

Dieta
Comía, sobre todo, pescado; a veces, carroña

Significado del nombre
Imitador de cocodrilo

Teniendo en cuenta sus dotes de gran cazador, se piensa que, además de peces, también podría haber capturado pequeños dinosaurios herbívoros.

A lo largo del dorso, sobresalían unas «espinas» que eran prolongaciones de las vértebras de la columna.

Los brazos eran robustos y fuertes, y terminaban en dedos con garras, la del pulgar extraordinariamente desarrollada. Las patas posteriores eran mucho más fuertes que los brazos ya que debían soportar el enorme peso del animal.

27

PALEÓGENO	NEÓGENO	CUATERNARIO
HACE 65-23 MILLONES DE AÑOS	HACE 23-2,5 MILLONES DE AÑOS	HACE 2,5 MILLONES DE AÑOS-ACTUALIDAD

DEINONYCHUS

Dinosaurio emplumado

¿Un reptil con plumas? Pues sí. Parece que este dinosaurio tenía los brazos cubiertos de plumas largas, que le podrían haber servido para equilibrar el cuerpo durante la lucha con sus presas.

Este predador veloz e inteligente contaba con numerosos dientes hechos para desgarrar la carne de sus víctimas. Era un animal temible, que mordía con tanta fuerza como los cocodrilos.

DINODATOS

Tamaño
3-4 m de longitud y 1,80 m de altura

Peso
Unos 100 kg

Dieta
Cazaba todo tipo de animales

Significado del nombre
Garra terrible

TRIÁSICO	JURÁSICO	CRETÁCICO
HACE 252-201 MILLONES DE AÑOS	HACE 200-145 MILLONES DE AÑOS	HACE 145-66 MILLONES DE AÑOS

▶ Muy inteligente

El cráneo del *Deinonychus* presentaba agujeros en el hueso, lo que aligeraba el peso de la cabeza. Su inteligencia fue una de las más altas entre los dinosaurios, como lo prueba que pudiera cazar presas más grandes y fuertes que él.

◀ La cola era rígida y la llevaba extendida cuando corría para hacer de contrapeso.

◀ El cuerpo era robusto y los brazos tenían el movimiento limitado por las plumas que los recubrían, pero eso no le impedía sujetar a las presas con un «abrazo de oso».

◀ 29

Una garra afilada y mortífera

Este dinosaurio contaba con un arma infalible para la caza en el segundo dedo de cada pata trasera: una enorme garra curvada que medía unos 13 cm. La utilizaba para desgarrar a su víctima mientras la sujetaba con las patas delanteras.

PALEÓGENO
HACE 65-23 MILLONES DE AÑOS

NEÓGENO
HACE 23-2,5 MILLONES DE AÑOS

CUATERNARIO
HACE 2,5 MILLONES DE AÑOS-ACTUALIDAD

Este dinosaurio vivía en las anchas llanuras cubiertas de bosques que se extendían alrededor de los ríos, donde le resulta fácil encontrar su alimento.

Tenía una cola muy larga, protegida por dos filas de placas duras que sobresalían en picos y entre las que se situaban otras más pequeñas para asegurar su coraza.

Una fortaleza inexpugnable

La coraza de *Sauropelta* no dejaba ni un resquicio para que los carnívoros de la época le hincaran el diente: todo el cuerpo estaba cubierto por placas duras y con quillas sobresalientes, y en los costados, hileras de púas afiladas.

Se parece a...

Si hubiera que comparar a este dinosaurio con un animal actual, podría ser con el rinoceronte negro, el cuarto mamífero más grande de África. Aunque el cuerpo de *Sauropelta*, sin contar su larguísima cola, era más pequeño, su peso era mucho mayor debido, en gran parte, a sus protecciones.

TRIÁSICO	JURÁSICO	CRETÁCICO
HACE 252-201 MILLONES DE AÑOS	HACE 200-145 MILLONES DE AÑOS	HACE 145-66 MILLONES DE AÑOS

SAUROPELTA

Un dinosaurio con fuerte armadura

¿Cómo un animal de movimientos muy lentos podía evitar que los enormes dinosaurios carnívoros le convirtieran en su menú diario? Pues encerrando su cuerpo dentro de una fuerte armadura.

DINODATOS

Tamaño
5-7,5 m de largo y unos 2 m de altura

Peso
Más de 3 000 kg

Dieta
Se alimentaba de todo tipo de plantas

Significado del nombre
Lagarto   escudo

▼ Unas duras placas le protegían desde el cuello hasta la cola.

31

◀ Tenía unas patas bastantes cortas en relación al tamaño del cuerpo.

▲ Su cabeza era plana por arriba y tenía forma triangular, más ancha detrás de los ojos y más fina hacia el hocico. Este terminaba en una especie de pico que le servía para arrancar hojas y raíces.

PALEÓGENO
HACE 65-23 MILLONES DE AÑOS

NEÓGENO
HACE 23-2,5 MILLONES DE AÑOS

CUATERNARIO
HACE 2,5 MILLONES DE AÑOS-ACTUALIDAD

Fósil de *Psittacosaurus* del Museo de Historia Natural de Shanghái (China).

Con su pico duro y afilado cortaba las plantas, incluso las partes más duras, y ¡para adentro enteras! Después tragaba piedras para que las molieran en el estómago.

Como una gacela

La altura del *Psittacosaurus* era similar a la de una gacela pequeña, pero con el cuerpo más largo y un peso menor. Crecía muy rápido en comparación con otros reptiles.

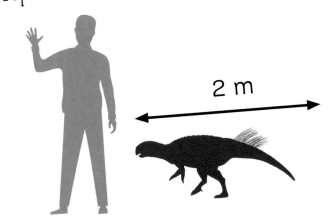

2 m

El pico era muy parecido al de un loro, extraordinariamente duro y con el borde cortante para que no se resistiera ninguna planta.

▶ Padres amorosos

Este dinosaurio protegía muy bien a sus crías mientras eran jóvenes. Para ello, se reunían las crías de varias parejas en un mismo lugar y un adulto se quedaba al cuidado de la «guardería» mientras el resto iba en busca de comida.

TRIÁSICO
HACE 252-201 MILLONES DE AÑOS

JURÁSICO
HACE 200-145 MILLONES DE AÑOS

CRETÁCICO
HACE 145-66 MILLONES DE AÑOS

PSITTACOSAURUS

Pico de loro y cuernos en las mejillas

▼ El cuerpo estaba protegido con escamas grandes y duras.

◀ Algunas especies tenían una fila de cerdas en la cola.

◀ Las patas delanteras eran la mitad de largas que las traseras.

▲ Tanto las patas traseras como las delanteras terminaban en cuatro dedos. Caminaba apoyando solo las traseras.

DINODATOS

Tamaño
2-2,5 m de longitud y 0,5 m de altura

Peso
Más de 20 kg

Dieta
Comía solo vegetales

Significado del nombre
Lagarto con pico de loro

PALEÓGENO	NEÓGENO	CUATERNARIO
HACE 65-23 MILLONES DE AÑOS	HACE 23-2,5 MILLONES DE AÑOS	HACE 2,5 MILLONES DE AÑOS-ACTUALIDAD

Los pies llevaban una especie de almohadillas que actuaban como un resorte cuando caminaba.

¡No te escaparás!

A pesar de su enorme tamaño, el *Giganotosaurus* podía alcanzar una velocidad máxima de carrera de 50 km/h, lo que suponía una ventaja para perseguir a sus presas, a las que rastreaba desde grandes distancias gracias a su fino olfato.

DINODATOS

Tamaño
Unos 13 m de largo y 4 m de altura hasta las caderas

Peso
De 4 a 14 toneladas

Dieta
Animales de todos los tamaños y carroña

Significado del nombre
Reptil gigante del Sur

Cuando alcanzaba una presa, cerraba rápidamente sus enormes fauces y la mordía repetidas veces, causándole heridas tan graves que acababan con ella.

TRIÁSICO	JURÁSICO	CRETÁCICO
HACE 252-201 MILLONES DE AÑOS	HACE 200-145 MILLONES DE AÑOS	HACE 145-66 MILLONES DE AÑOS

GIGANOTOSAURUS

Uno de los mayores dinosaurios que ha existido

El *Giganotosaurus* alcanzó un tamaño igual, o incluso un poco superior, al del tiranosaurio, lo que le convierte en uno de los carnívoros terrestres más grandes que ha vivido en la Tierra y en el depredador más grande de su época.

Sus enormes fauces iban armadas de dientes largos y con el borde aserrado.

Los brazos eran muy cortos y terminaban en 3 dedos con garras.

Las patas eran muy robustas y largas. ¡El fémur medía casi 1,5 m!

El cerebro justo

El *Giganotosaurus* era un enorme coloso en todos los sentidos. Por ejemplo, su cráneo medía casi 2 m. ¡Era más grande que la altura media de un ser humano! Y una gran cabeza como esa tenía que ser muy pesada; exactamente, entre 6 y 8 toneladas. Es decir, solo su cabeza pesaba lo mismo que un elefante africano adulto. El cerebro ocupaba casi todo el espacio disponible dentro del cráneo y ese espacio tenía la forma de un plátano.

PALEÓGENO	NEÓGENO	CUATERNARIO
HACE 65-23 MILLONES DE AÑOS	HACE 23-2,5 MILLONES DE AÑOS	HACE 2,5 MILLONES DE AÑOS-ACTUALIDAD

Solo se han hallado restos de este animal en África.

Vivía en zonas costeras pantanosas, en marismas y humedales similares a los manglares.

DINODATOS

Tamaño
12-18 m de largo y unos 5,5 m de altura

Peso
Entre 6 y 9 toneladas

Dieta
Carnívoro y carroñero

Significado del nombre
Lagarto con espinas

Una gran vela

Recorriendo el lomo del dinosaurio, se elevaba una enorme vela de hasta 2 m de altura, ¡más alta que un ser humano! La podía desplegar y mover a voluntad para orientarla hacia el sol.

TRIÁSICO
HACE 252-201 MILLONES DE AÑOS

JURÁSICO
HACE 200-145 MILLONES DE AÑOS

CRETÁCICO
HACE 145-66 MILLONES DE AÑOS

SPINOSAURUS

Con una enorme vela coloreada

Este dinosaurio combinaba una serie de características que le hicieron espectacular: una cabeza y un modo de vida similares a las del cocodrilo actual, una enorme vela sobre su dorso y un tamaño superior al del tiranosaurio, aunque sin su robustez.

▼ Su cabeza tenía una forma parecida a la de un cocodrilo actual.

◀ Los dientes eran grandes, rectos y de forma cónica, sin estrías.

◀ Los brazos eran robustos y terminan en tres dedos con fuertes garras.

◀ Caminaba sobre dos patas y solo apoyaba las cuatro para descansar.

Onchopristis
↓

▶ Pescado para comer

Este dinosaurio era carnívoro y parece que alternaba las presas terrestres con las acuáticas. Esto último ha quedado confirmado por muchos hallazgos, como el de una púa de *Onchopristis* incrustada en la mandíbula de un *Spinosaurus*. A sus presas las atrapaba con sus fuertes y poderosas garras.

PALEÓGENO	NEÓGENO	CUATERNARIO
HACE 65-23 MILLONES DE AÑOS	HACE 23-2,5 MILLONES DE AÑOS	HACE 2,5 MILLONES DE AÑOS-ACTUALIDAD

Fósil de *Pteranodon*.

¿Chico o chica?

No en todos los reptiles prehistóricos se ha podido estudiar si existían diferencias entre el macho y la hembra, pero *Pteranodon* es una excepción. Se ha averiguado que el macho tenía unas alas más grandes y una cresta enorme, mientras que la hembra presentaba alas y cresta más pequeñas.

Las manos tenían tres dedos libres y las patas, cuatro.

A la una, a las dos y...

Parece que este reptil volador era capaz de emprender el vuelo tanto desde el suelo, apoyado sobre sus patas traseras y delanteras, como desde el agua. En ambos casos, daba un fuerte salto hacia atrás y se impulsaba con sus grandes alas.

TRIÁSICO
HACE 252-201 MILLONES DE AÑOS

JURÁSICO
HACE 200-145 MILLONES DE AÑOS

CRETÁCICO
HACE 145-66 MILLONES DE AÑOS

PTERANODON

El pescador de los cielos

Fue uno de los reptiles voladores más grandes entre todos los que surcaron los cielos de los mares interiores que en esa época se extendían por buena parte de lo que ahora es América del Norte. También fue el primero de su clase que se conoció.

La cresta estaba formada por la prolongación de los huesos de la frente y la parte trasera del cráneo. Su tamaño variaba según fuera macho o hembra.

El pico era largo y muy estrecho. Terminaba en una punta bastante afilada y en su interior no albergaba dientes.

Cada ala estaba sostenida por el cuarto dedo de la mano, que se había desarrollado mucho, y se extendía por el cuerpo y hasta las patas, como en los murciélagos.

Parece que su técnica para atrapar los peces era zambulléndose desde el aire, como lo hacen las aves marinas actuales.

DINODATOS

Tamaño
Unos 7 m de envergadura alar en el macho y aproximadamente 4 m en la hembra

Peso
Unos 30 kg

Dieta
Sobre todo, peces

Significado del nombre
Reptil con alas y desdentado

PALEÓGENO	NEÓGENO	CUATERNARIO
HACE 65-23 MILLONES DE AÑOS	HACE 23-2,5 MILLONES DE AÑOS	HACE 2,5 MILLONES DE AÑOS-ACTUALIDAD

Este dinosaurio solo se ha encontrado en Mongolia.

¿Con plumas o desnudo?

Habitualmente, este dinosaurio se suele representar con todo el cuerpo cubierto de plumas, como algunos de sus parientes. Pero no se han hallado restos que lo justifiquen y, dado su gran tamaño, lo más probable es que no las tuviera o solo las llevase en los brazos.

40

DINODATOS

Tamaño
Casi 9 m de largo y 5 m de altura

Peso
Casi 2 toneladas

Dieta
No se conoce, aunque se cree que carnívoro

Significado del nombre
Ladrón gigante

Los dedos terminaban en fuertes y afiladas garras.

Se cree que ponía huevos de mayor tamaño que los de avestruz; puede que llegaran a medir algo más de 50 cm.

TRIÁSICO
HACE 252-201 MILLONES DE AÑOS

JURÁSICO
HACE 200-145 MILLONES DE AÑOS

CRETÁCICO
HACE 145-66 MILLONES DE AÑOS

GIGANTORAPTOR

Dinosaurio misterioso

Debido a los pocos restos que se han hallado de este singular dinosaurio, aún es mucho lo que se desconoce sobre su apariencia y modo de vida.

Teniendo en cuenta el tamaño de su cuerpo, el cuello del *Gigantoraptor* podía considerarse bastante largo y tenía gran capacidad de movimiento.

La cabeza no era muy grande y tenía forma redondeada.

41

Tanto las piernas como los brazos eran muy largos y acababan, respectivamente, en patas muy robustas y manos esbeltas. En ambos casos, con garras.

Con el pico cortaba las plantas y quizá también la carne.

¿Tenía pico de loro?

Parece que este dinosaurio era desdentado, es decir, no tenía dientes ni en la mandíbula superior ni en la inferior. Pero sí es probable que la boca terminase en un pico duro de naturaleza córnea.

PALEÓGENO
HACE 65-23 MILLONES DE AÑOS

NEÓGENO
HACE 23-2,5 MILLONES DE AÑOS

CUATERNARIO
HACE 2,5 MILLONES DE AÑOS-ACTUALIDAD

Todo hace pensar que este dinosaurio caminaba sobre las dos patas traseras, pero cuando se paraba para alimentarse o descansar, apoyaba las cuatro sobre el suelo para estar más cómodo.

Ilustración que muestra la dirección del paso del aire a través de la cresta ósea en la parte superior del cráneo del Parasaurolophus.

¡Qué bien suena!

Lo más probable es que la cresta le sirviera como medio de comunicación, actuando como elemento de resonancia. Estaba hueca y comunicada con los huesos de la nariz, de modo que, al entrar el aire, el animal podía emitir sonidos similares a un trombón para avisar de su presencia o alertar de un peligro.

Las patas eran mucho más largas y fuertes que los brazos.

TRIÁSICO
HACE 252-201 MILLONES DE AÑOS

JURÁSICO
HACE 200-145 MILLONES DE AÑOS

CRETÁCICO
HACE 145-66 MILLONES DE AÑOS

PARASAUROLOPHUS

Pico de pato con trompeta

▶ Su cabeza, incluida la cresta, medía 1,5 m, ¡lo mismo que una fregona con su palo!

▲ La boca terminaba en un pico sin dientes. Estos se situaban detrás.

▶ ¡Sígueme!

Algunos científicos creen que la cola pudo estar adornada con motivos en colores muy brillantes. Esto habría servido, por ejemplo, para que la manada se mantuviera unida cuando atravesaba bosques con vegetación muy cerrada.

43

◀ No se sabe con certeza si las extremidades acababan en pezuñas o en garras.

DINODATOS

Tamaño
Unos 10 m de largo y casi 3 m de alto

Peso
Entre 2,5 y 5 toneladas, según la especie

Dieta
Solo comía vegetales

Significado del nombre
Parecido al lagarto crestado

PALEÓGENO	NEÓGENO	CUATERNARIO
HACE 65-23 MILLONES DE AÑOS	HACE 23-2,5 MILLONES DE AÑOS	HACE 2,5 MILLONES DE AÑOS-ACTUALIDAD

▲ Réplica de un fósil de *Velociraptor*.

Todas las características y los hábitos de vida de este dinosaurio parecen estar encaminados a una única finalidad: ¡cazar, cazar y cazar!

▶ La cola era una barra rígida que le proporcionaba estabilidad al correr a gran velocidad.

▶ Las patas traseras eran largas y musculosas, adaptadas a la carrera.

Mejor juntos

Era un animal muy veloz, que podía llegar a alcanzar los 70 km/h en carrera. Esto le permitía perseguir a cualquier presa. Y también estaba bien armado para matar a sus víctimas. ¿Pero qué ocurriría si en lugar de cazar solo, lo hiciera en manada? ¡Pues que el éxito sería total! Y fue la técnica que adoptó, la caza en grupos sincronizados que acorralaban a las presas.

TRIÁSICO	JURÁSICO	CRETÁCICO
HACE 252-201 MILLONES DE AÑOS	HACE 200-145 MILLONES DE AÑOS	HACE 145-66 MILLONES DE AÑOS

VELOCIRAPTOR

Uno de los dinosaurios depredadores más feroces que existió.

▶ La cabeza medía unos 25 cm de largo, estaba aplanada lateralmente y terminaba en un hocico chato.

▶ Los dientes tenían el borde aserrado para que nada escapase del mordisco.

DINODATOS

Tamaño
Unos 1,80 m de largo y 50 cm a la cadera

Peso
Unos 15 kg

Dieta
Carnívoro y carroñero

Significado del nombre
Ladrón veloz

45

▶▶ Garra mortal

El *Velociraptor* contaba con un arma mortífera que fue parte importante de su éxito como feroz depredador: una potente garra de 6,5 cm de largo y forma curvada que remataba el segundo dedo de cada pata trasera. Cuando corría en persecución de una presa, ese dedo lo llevaba retraído para que no tocase el suelo y le entorpeciera; pero al alcanzar a su víctima, saltaba sobre ella para inmovilizarla con su peso y le clavaba la garra en la tráquea o en la yugular para matarla. Después empezaba a devorarla mientras aún estaba con vida.

Las patas traseras estaban bien adaptadas para correr. Probablemente fue un dinosaurio muy veloz.

CARNOTAURUS

Un dinosaurio con nombre de mamífero

Este gran depredador reúne varias características que lo hacen singular: se ha hallado un único esqueleto, tenía un par de cuernos sobre los ojos y unos brazos minúsculos.

¡Te embisto!

El cráneo profundo y con un hocico más bien chato, la presencia de un par de cuernos sobralientes y el cuello grueso y musculoso hacen pensar que la técnica empleada por el *Carnotaurus* para luchar con sus rivales era embistiéndoles de frente, usando los cuernos como amortiguadores del golpe, y empujando al contrario con la parte superior de la cabeza.

Parece que tenía muy desarrollado el sentido del olfato y lo habría utilizado para localizar a sus presas, ya que la vista y el oído no eran demasiado buenos.

No se ha hallado ningún otro dinosaurio carnívoro con cuernos sobre los ojos.

Los cuernos eran gruesos y macizos, tenían forma de cono y medían 15 cm de largo.

TRIÁSICO
HACE 252-201 MILLONES DE AÑOS

JURÁSICO
HACE 200-145 MILLONES DE AÑOS

CRETÁCICO
HACE 145-66 MILLONES DE AÑOS

▶ Brazos minúsculos

Hasta la actualidad, no se ha encontrado ningún otro dinosaurio carnívoro con las extremidades anteriores tan cortas como las del *Carnotaurus*. Pero, a pesar de su pequeño tamaño, eran muy robustas. Acababan en una mano con cuatro dedos, de los que solo los dos centrales estaban bien desarrollados. Parece que todos los dedos estaban unidos entre sí, eran inmóviles y no llevaban garras.

◀ Se estima que la fuerza de su mordida podría equivaler al doble de la del caimán americano actual.

DINODATOS

Tamaño
De 7,5 a 9 m de largo y 3,5 m de alto

Peso
Entre 1,5 y 2 toneladas

Dieta
Animales de todos los tamaños

Significado del nombre
Toro carnívoro

PALEÓGENO
HACE 65-23 MILLONES DE AÑOS

NEÓGENO
HACE 23-2,5 MILLONES DE AÑOS

CUATERNARIO
HACE 2,5 MILLONES DE AÑOS-ACTUALIDAD

Huellas de *Ankylosaurus* en las rocas en el Parque Nacional Toro (Potosí, Bolivia).

Huellas de *Ankylosaurus* en las rocas en el Parque Nacional Toro (Potosí, Bolivia).

El final de la cola iba armado con una estructura similar a un mazo, compuesta por dos grandes expansiones de hueso macizo unidas a las últimas vértebras de la cola, que actuaban como mango.

¡Preparado!

Como era un animal muy pesado y de movimientos lentos, le resultaba imposible huir con rapidez del ataque de un gran carnívoro. Por eso, su técnica era otra. Esperaba inmóvil a su depredador, confiando en la protección de la coraza, y cuando lo tenía a su alcance, le golpeaba con el mazo de la cola. Se calcula que su impacto podía romper los huesos del gran tiranosaurio.

▶ ¡Ñam, ñam!

Aunque tenía el impresionante aspecto de un tanque acorazado, a la hora de comer era de lo más pacífico. Solo se alimentaba de vegetales tiernos, ya que solo tenía dientes muy pequeños en la parte trasera de la boca y, además, la musculatura de las mandíbulas era bastante débil. Así que solo hojas blanditas y ¡a tragarlas enteras!

TRIÁSICO
HACE 252-201 MILLONES DE AÑOS

JURÁSICO
HACE 200-145 MILLONES DE AÑOS

CRETÁCICO
HACE 145-66 MILLONES DE AÑOS

ANKYLOSAURUS

Armadura + mazo en la cola = gigante acorazado

Uno de los dinosaurios herbívoros que consiguieron una protección más segura y eficaz contra los colosales carnívoros que les perseguían fue el *Ankylosaurus*, con su gruesa y pesada coraza, erizada de púas y cuernos, que le cubría desde la cabeza hasta la cola.

DINODATOS

Tamaño
Entre 6,5 y 10 m de largo
y casi 2 m de alto

Peso
Entre 3 y 6 toneladas

Dieta
Solo comía vegetales

Significado del nombre
Lagarto acorazado

La coraza de la cabeza se reforzaba con dos cuernos en la parte alta y otros dos en las mejillas.

PALEÓGENO	NEÓGENO	CUATERNARIO
HACE 65-23 MILLONES DE AÑOS	HACE 23-2,5 MILLONES DE AÑOS	HACE 2,5 MILLONES DE AÑOS-ACTUALIDAD

El cuello era inusualmente largo y muy rígido, sin apenas capacidad de movimiento.

Tenía cresta en la cabeza, pero se desconoce su forma y su tamaño.

¿Lejos del agua?

Se pensaba que se alimentaba atrapando con su pico peces en vuelo mientras surcaba las olas. Pero todos los fósiles de este reptil volador se han hallado muy lejos de zonas donde en esa época hubiese mares o ríos lo suficientemente profundos para que pudiera sumergirse un animal de esa envergadura. Lo más probable es que se alimentase de carroña y capturase pequeños invertebrados con su pico afilado y sin dientes.

El pico era muy largo y afilado, y estaba desprovisto de dientes.

La cola era muy corta, apenas visible.

DINODATOS

Tamaño
Hasta 12 m de envergadura y unos 4 m de alto

Peso
Entre 200 y 250 kg

Dieta
Pequeños animales invertebrados y carroña

Significado del nombre
En honor al dios Quetzalcoatl

Despegar y aterrizar

¿Cómo puede emprender el vuelo un animal cuyas alas miden casi 12 m de punta a punta? Parece ser que lo hacía como las garzas actuales, dando un salto desde el suelo, aunque en este caso tenía que ser un gran salto, ¡de unos 2,5 m de alto! ¿Y para aterrizar? Batía las alas para ir aminorando el descenso y aterrizaría con las patas traseras dando otro salto.

TRIÁSICO	JURÁSICO	CRETÁCICO
HACE 252-201 MILLONES DE AÑOS	HACE 200-145 MILLONES DE AÑOS	HACE 145-66 MILLONES DE AÑOS

QUETZALCOATLUS

El mayor reptil volador

Aunque parece un ave, en realidad se trataba de un reptil volador, pero no tenía plumas, escamas o placas como otros reptiles prehistóricos. Lo más probable es que estuviera cubierto ¡de pelo!

◀ Una vez que conseguía emprender el vuelo, para elevarse a gran altura usaba la misma técnica que los buitres actuales: aprovechar las corrientes térmicas.

PALEÓGENO	NEÓGENO	CUATERNARIO
HACE 65-23 MILLONES DE AÑOS	HACE 23-2,5 MILLONES DE AÑOS	HACE 2,5 MILLONES DE AÑOS-ACTUALIDAD

TIRANOSAURIO

Hecho para matar

▼ La cola del tiranosaurio era larga y muy pesada: le servía para mantener el equilibrio.

▲ Algunos huesos eran huecos, para aligerar su peso sin reducir su fortaleza.

El rey de los dinosaurios, quizá el más conocido de todos los superdepredadores que han poblado la Tierra: uno de los más feroces, violentos y despiadados que haya existido **JAMÁS**.

Terrorífico

Tenía unos 60 dientes muy fuertes que podían medir ¡hasta 19 cm! (casi como la mano de un ser humano adulto). Como estos grandes dientes se curvaban hacia dentro, a la presa le resulta difícil escapar. Además, se cree que la saliva era venenosa. Pero no siempre se molestaba en cazar y se conformaba con comer carroña (animales ya muertos).

TRIÁSICO	JURÁSICO	CRETÁCICO
HACE 252-201 MILLONES DE AÑOS	HACE 200-145 MILLONES DE AÑOS	HACE 145-66 MILLONES DE AÑO

DINODATOS

Tamaño
13 m de largo y 6 de alto

Peso
6 a 10 toneladas

Dieta
Reptiles, otros dinosaurios y carroña

Significado del nombre
Lagarto tirano

La cabeza del tiranosaurio media más de un metro, pero su cerebro era pequeño: aproximadamente como el de un gorila.

¡Dentro de su boca cabía un niño tumbado!

Su cuello era corto y musculoso para poder soportar su masiva cabeza.

Las patas delanteras eran muy pequeñas, y tenían dos dedos acabados en garras afiladas.

Con sus robustas patas traseras podía alcanzar la increíble velocidad, para su gran tamaño, de ¡60 Km/h!... pero solo durante un rato.

Técnica de caza

Esperaba escondido entre la vegetación y sorprendía a su presa embistiéndola a gran velocidad. Si el golpe no la mataba, le mordía en el cuello hasta que acababa con ella.

PALEÓGENO
HACE 65-23 MILLONES DE AÑOS

NEÓGENO
HACE 23-2,5 MILLONES DE AÑOS

CUATERNARIO
HACE 2,5 MILLONES DE AÑOS-ACTUALIDAD

Parece ser que los *Triceratops* eran dinosaurios que se agrupaban en manadas y vivían y viajaban en grupo.

TRICERATOPS

Un dinosaurio cornudo

Aunque existieron otros dinosaurios con cuernos, este fue el más grande de todos. ¡Pesaba más que un elefante macho actual! Y por si esto no impresionaba lo suficiente, contaba con una gran gola de hueso que se abría como un abanico en su cabeza.

DINODATOS

Tamaño
Entre 8 y 9 m de largo y unos 3 m de alto

Peso
Unas 10 toneladas

Dieta
Herbívoro

Significado del nombre
Cara de tres cuernos

¡A la rica planta!

Su boca y sus dientes estaban bien adaptados a lo que comía, que eran principalmente plantas de crecimiento bajo y muy fibrosas. Las cortaba con el pico y las masticaba con los dientes que tenía al fondo de la boca. Estos se desgastaban mucho, pero eso no era un problema, ya que los sustituía por otros.

TRIÁSICO
HACE 252-201 MILLONES DE AÑOS

JURÁSICO
HACE 200-145 MILLONES DE AÑOS

CRETÁCICO
HACE 145-66 MILLONES DE AÑOS

▽ La cola era fuerte, y la llevaba erguida para que sirviera de contrapeso a la cabeza.

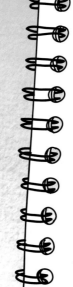

Armas de defensa

Un animal herbívoro tan grande y pesado debía ser una presa codiciada por los grandes dinosaurios carnívoros. Para defenderse, el *Triceratops* vivía en grandes manadas que daban la voz de alarma ante cualquier peligro. Pero si no lograba escapar a tiempo, contaba con su trío de cuernos y la gran gola que rodeaba y protegía su cuello de zarpazos y mordiscos.

▲ Además del nasal, iba armado con otros dos cuernos curvados de más de 1 m de longitud, situados sobre los ojos.

◀ 55

◀ En el hocico, encima de la nariz, sobresalía un cuerno corto y grueso.

◀ Las patas eran fuertes y robustas; ¡tenían que soportar mucho peso!

▲ La boca terminaba en una estructura de gran dureza y con forma de pico de loro, con la que conseguía arrancar los vegetales con facilidad.

PALEÓGENO
HACE 65-23 MILLONES DE AÑOS

NEÓGENO
HACE 23-2,5 MILLONES DE AÑOS

CUATERNARIO
HACE 2,5 MILLONES DE AÑOS-ACTUALIDAD

TITANOBOA
El monstruo serpiente

Capaz de devorar de un solo bocado a un cocodrilo, pesaba como diez jugadores de lucha libre y su longitud equivalía a la de un gran autobús escolar.

Gigantesca

La *Titanoboa* tenía la apariencia de una gigantesca boa constrictor actual, aunque no era tan tranquila como esta, y actuaba como las irritables anacondas, pero en perverso... Después de la extinción de los dinosaurios, la *Titanoboa* fue el depredador más grande que existió en la superficie del planeta durante al menos 10 millones de años.

Boa actual.

TRIÁSICO	JURÁSICO	CRETÁCICO
HACE 252–201 MILLONES DE AÑOS	HACE 200–145 MILLONES DE AÑOS	HACE 145–66 MILLONES DE AÑOS

▶ Dieta variada

Como todas las serpientes, era carnívora, y como la mayoría de serpientes, podía también nadar y cazar en el agua. Era muy ágil en el medio acuático; de hecho puede que también fuera un animal piscívoro, pero también podía cazar en tierra como lo hacen algunas serpientes, en su mayoría las anacondas y pitones.

DATOS

Tamaño
14 m de longitud. La parte más gruesa del cuerpo tenía aproximadamente un metro

Peso
Casi 2 toneladas

Dieta
Carnívora

Significado del nombre
Boa gigante

◀ Se sabe que pudo abrir sus mandíbulas tanto como para que le entrara un cocodrilo; pero esto no es exclusivo de la *Titanoboa*, ya que todas las serpientes separan su mandíbula inferior para engullir animales grandes.

▲ Tenía filas de dientes que crecían en sus mandíbulas superior e inferior. Los dientes eran muy pequeños en tamaño y muy afilados, una adaptación para su estilo de caza.

◀ Al ser una serpiente constrictora no tenía veneno, por lo cual dependía de la fuerza para asfixiar a sus víctimas. Era capaz de ejercer más de 50 Kg por centímetro cuadrado, algo así como el equivalente al peso de un puente de Brooklyn y medio, sin duda suficiente como para acabar con cualquier presa.

▲ Comía especies como la tortuga gigante *Cerrejonemys* y el cocodrilo gigante *Acherontisuchus*.

PALEÓGENO
HACE 65-23 MILLONES DE AÑOS

NEÓGENO
HACE 23-2,5 MILLONES DE AÑOS

CUATERNARIO
HACE 2,5 MILLONES DE AÑOS-ACTUALIDAD

Vivió en Europa central y occidental, Norteamérica y China.

GASTORNIS

La mal llamada «ave del terror»

En un principio se le dio este sobrenombre al emparentarla con un grupo extinto de aves de Sudámerica, también gigantescas, y de hábitos depredadores. Pero, en realidad, parece que *Gastornis* era un animal muy tranquilo y cada vez hay más evidencias de que tenía una dieta herbívora.

Tenía el cuerpo cubierto de plumas.

El cráneo era de gran tamaño y acababa en un pico poderoso, muy elevado y comprimido lateralmente. Las narinas eran pequeñas y se situaban frente a los ojos.

TRIÁSICO	JURÁSICO	CRETÁCICO
HACE 252-201 MILLONES DE AÑOS	HACE 200-145 MILLONES DE AÑOS	HACE 145-66 MILLONES DE AÑOS

¿Carnívoro depredador o herbívoro recolector?

Existen muchas dudas sobre el tipo de alimentación de *Gastornis*. Algunos defienden que, teniendo ese pico tan poderoso, debía ser un depredador de mamíferos no muy grandes. Se cree que cazaba a sus presas emboscado, acechándolas hasta lanzar su ataque, o bien en grupo, una técnica que hacía más exitosa la persecución. La fuerza de su mordida era tal que podía triturar los huesos para extraer el tuétano. Sin embargo, otros piensan que era herbívoro, con una dieta especializada en vegetales, frutos y semillas muy duros.

A veces se le representa con el pico ganchudo, como el de las aves rapaces, pero no era así. Solo estaba un poco curvado.

Las alas eran muy pequeñas y no le servían para volar, pues no soportaban el peso del animal.

Las patas eran robustas y bien adaptadas para la carrera. Según las huellas fósiles encontradas, los dedos no terminaban en garras curvas y afiladas.

Ave ponedora

Como todas las aves, *Gastornis* también ponía huevos, pero de un tamaño acorde a sus gigantescas dimensiones. Los fragmentos que se han hallado hacen pensar que los huevos medían 24 x 10 cm. ¡una vez y media más grandes que los de avestruz!, y con una cáscara gruesa de unos 2,5 mm de espesor.

PALEÓGENO	NEÓGENO	CUATERNARIO
HACE 65-23 MILLONES DE AÑOS	HACE 23-2,5 MILLONES DE AÑOS	HACE 2,5 MILLONES DE AÑOS-ACTUALIDAD

DATOS

Tamaño
Unos 4 m de largo y casi 2 m de alto hasta los hombros

Peso
Aproximadamente 100 kg

Dieta
Carnívoro y carroñero

Significado del nombre
Bestia de Andrews

Una de las características que despiertan más dudas sobre sus hábitos de cazador, es que parece que no poseía garras, como es habitual en los animales carnívoros.

ANDREWSARCHUS

El mayor mamífero carnívoro terrestre

Como de este animal solo se ha hallado un cráneo, nunca un esqueleto completo, todo lo que se conoce de él, tanto sobre sus medidas como de su forma de vida, es por comparación con otros animales similares.

▶ Andrews, su descubridor, inspiración de Indiana Jones

Andrewsarchus («Bestia de Andrews») es un género extinto de mamífero terrestre de dieta carnívora que vivió en Asia Central. La única especie es *Andrewsarchus mongoliensis* y su descripción se basa en un cráneo gigante hallado en Mongolia en 1923 por la expedición liderada por el explorador y cazador de fósiles Roy Chapman Andrews, en honor al cual se nombró el género.

TRIÁSICO	JURÁSICO	CRETÁCICO
HACE 252-201 MILLONES DE AÑOS	HACE 200-145 MILLONES DE AÑOS	HACE 145-66 MILLONES DE AÑOS

Teniendo en cuenta el tamaño del cráneo, los ojos eran relativamente pequeños. En contraste, su olfato estaba muy desarrollado y le permitía localizar con facilidad a sus presas.

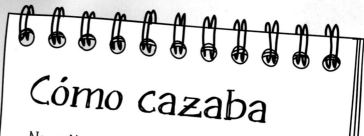

Cómo cazaba

No se tiene la certeza de que *Andrewsarchus* fuera un cazador activo, como los lobos actuales, un carroñero, como las hienas, o un animal omnívoro que comía de todo, como los osos. Si cazaba y la presa era de gran tamaño, como un *Brontotherium* (similar a un rinoceronte), posiblemente la única forma de abatirla era empleando alguna técnica de caza en grupo, aunque no parece que fuera un animal sociable.

61

Los dientes de este gran carnívoro tenían un tamaño enorme y estaban bien preparados para desgarrar la carne de sus presas y triturar los huesos.

El cráneo era dos veces más grande que el del actual oso gigante de Alaska u oso Kodiak y tres veces más largo que el del lobo del Mackenzie.

PALEÓGENO
HACE 65-23 MILLONES DE AÑOS

NEÓGENO
HACE 23-2,5 MILLONES DE AÑOS

CUATERNARIO
HACE 2,5 MILLONES DE AÑOS-ACTUALIDAD

BRONTOTHERIUM

Con aspecto de rinoceronte, pero solo un pariente lejano

Parece que el comportamiento de este enorme animal era similar en algunos aspectos al del rinoceronte actual, con el que guarda tanto parecido. Era muy territorial y no dudaba en embestir a cualquiera que entrase en sus dominios.

Sobre la nariz sobresalía un gran cuerno en forma de Y. Esta estructura era mucho más grande en los machos que en las hembras.

Parece que tenía labios carnosos y una lengua con la que podría arrancar las ramas y brotes más tiernos.

TRIÁSICO	JURÁSICO	CRETÁCICO
HACE 252-201 MILLONES DE AÑOS	HACE 200-145 MILLONES DE AÑOS	HACE 145-66 MILLONES DE AÑOS

El «cuerno» del hocico

Aunque habitualmente se emplea la palabra «cuerno» para describir la gran estructura que tenía este animal sobre la nariz, en realidad no era un cuerno como el de los toros o los antílopes, sino una protuberancia del hueso recubierta de una capa gruesa de piel, como los cuernecillos (osiconos) de las jirafas.

DATOS

Tamaño
6 m de largo y casi 3 m de alto

Peso
Unas 2 toneladas

Dieta
Comía únicamente vegetales

Significado del nombre
Bestia del trueno

▼ Las orejas eran pequeñas y tubulares.

◀ No tenía buena vista, pero sí un olfato muy fino.

▼ Como su nombre indica, quizá hiciera que el suelo temblase al moverse.

Su desaparición

Este enorme animal vivió en América del Norte, en zonas de bosques muy densos, donde se alimentaba ramoneando las hojas y brotes más tiernos. Cuando el clima cambió y se tornó más seco, los bosques se hicieron más abiertos y comenzaron a surgir praderas de gramíneas muy duras. El Brontotherium no pudo adaptarse al cambio y desapareció.

PALEÓGENO	NEÓGENO	CUATERNARIO
HACE 65-23 MILLONES DE AÑOS	HACE 23-2,5 MILLONES DE AÑOS	HACE 2,5 MILLONES DE AÑOS-ACTUALIDAD

MEGALODON

El enorme tiburón prehistórico

Todo en esta enorme criatura marina eran dimensiones de récord: su longitud triplicaba la del actual tiburón blanco, su cabeza medía 4 m y algo menor era la altura que alcanzaba la aleta de la cola.

▶▶ Ataque mortal

Cuando se enfrentaba a presas relativamente pequeñas, las embestía desde abajo con mucha fuerza para aturdirlas y matarlas después. Pero si eran grandes, atacaba a las zonas con más huesos, los trituraba y dañaba los órganos más sensibles, como el corazón o los pulmones. Ninguna presa sobrevivía a ese ataque feroz.

Se calcula que su aleta dorsal tenía una altura superior a ¡1,65 m!

TRIÁSICO	JURÁSICO	CRETÁCICO
HACE 252-201 MILLONES DE AÑOS	HACE 200-145 MILLONES DE AÑOS	HACE 145-66 MILLONES DE AÑOS

Tenía unos 276 dientes distribuidos en cinco hileras. Todos eran muy robustos, de forma triangular y con el borde aserrado. Cada uno medía ¡casi 20 cm de largo!

DATOS

Tamaño
Unos 16 m de largo

Peso
Alrededor de 60 toneladas

Dieta
Depredador de animales grandes

Significado del nombre
Dientes grandes

Su mordida era una de las más potentes que se haya conocido nunca; alcanzaba las 10 toneladas de fuerza, lo que significa que era cinco veces mayor que la del tiranosaurio.

65

Para dar apoyo a una dentición tan robusta, las mandíbulas debieron estar muy desarrolladas, de gran longitud y muy gruesas. A pesar de todas las semejanzas, el *Megalodon* no fue el antecesor directo de los tiburones actuales.

¡Peligro, tiburón!

Megalodon era un superpredador muy veloz que cazaba presas muy diversas, pero sobre todo grandes mamíferos marinos, como ballenas, focas, morsas o leones marinos. Tampoco despreciaba a las grandes tortugas y parece que los peces eran otro elemento adicional de su dieta, especialmente de los tiburones más jóvenes.

PALEÓGENO	NEÓGENO	CUATERNARIO
HACE 65-23 MILLONES DE AÑOS	HACE 23-2,5 MILLONES DE AÑOS	HACE 2,5 MILLONES DE AÑOS-ACTUALIDAD

PHORUSRHACOS

Ave depredadora gigante no voladora

Vivió en la Patagonia argentina y se extinguió hace 1,8 millones de años, aproximadamente, por lo que no coincidió con el hombre.

Aves del terror

Se utiliza el apodo de «aves del terror» para hacer referencia a las aves carnívoras de gran tamaño que vivieron en la Tierra hace entre 17 y 4 millones de años. Además de *Phorusrhacos*, en este grupo también se integraban los representantes de los géneros *Titanis*, *Kelenken* y *Brontornis*.

Todas ellas eran aves depredadoras no voladoras, con fuertes garras en las patas y unos enormes picos ganchudos similares a los de las actuales aves de presa, como las águilas, aunque de mayores proporciones.

Titanis

Kelenken

TRIÁSICO
HACE 252-201 MILLONES DE AÑOS

JURÁSICO
HACE 200-145 MILLONES DE AÑOS

CRETÁCICO
HACE 145-66 MILLONES DE AÑOS

▶ Experta matadora

Cuando se hacía con una presa, la sujetaba con su enorme pico y la golpeaba repetidas veces contra el suelo hasta matarla, igual que hacen las actuales chuñas (aves sudamericanas). A veces empleaba otro sistema: la sujetaba con las garras y le clavaba con fuerza el pico en la frente, alcanzaba el cerebro... y la muerte era instantánea.

▼ Era un ave corredora, de patas largas y fuertes. Vivía en bosques y pastizales.

◀ Su cráneo media más de 60 cm de largo. La mayor parte de esa longitud correspondía al pico.

DATOS

Tamaño
Unos 2,5 m de alto

Peso
Alrededor de 130 kg

Dieta
Animales no muy grandes y carroña

Significado del nombre
Portador de arrugas

PALEÓGENO
HACE 65-23 MILLONES DE AÑOS

NEÓGENO
HACE 23-2,5 MILLONES DE AÑOS

CUATERNARIO
HACE 2,5 MILLONES DE AÑOS-ACTUALIDAD

▼ Necesitaba consumir diariamente grandes cantidades de alimentos vegetales.

▼ Probablemente viviera en mana como los elefantes actuales.

Su aspecto era similar al del actual elefante africano, con el que está emparentado, pero entre ambos hay marcadas diferencias, especialmente en la forma del cráneo y en la de los colmillos.

Pala multiusos

Se piensa que la gran «pala» inferior le resultaba muy útil para extraer las plantas acuáticas que crecían a poca profundidad y le servían de alimento. Después las recogía con la trompa para meterlas en la boca.

Pero como también comía vegetales terrestres, es muy probable que esa «pala» pudiera tener otros usos adicionales, como desprender la corteza de los árboles o actuar como una guadaña, pues sus bordes afilados cortaban las ramas cuando las frotaba contra ellos. No hay duda de que se trataba de una herramienta muy aprovechable.

◀ Las patas eran muy robustas y acababan en uñas.

TRIÁSICO	JURÁSICO	CRETÁCICO
HACE 252-201 MILLONES DE AÑOS	HACE 200-145 MILLONES DE AÑOS	HACE 145-66 MILLONES DE AÑOS

PLATYBELODON

Mastodonte con dientes en forma de pala

▶ Los lados de la «pala» estaban hendidos para dejar espacio a los dos afilados colmillos superiores.

DATOS

Tamaño
Unos 6 m de longitud
y 3 m de alto

Peso
Alrededor de 4,5 toneladas

Dieta
Vegetales terrestres y acuáticos

Significado del nombre
Diente de pala

Los dos dientes incisivos inferiores tenían forma de pala, aplanados y anchos.

▶ ¿Y los colmillos?

Los dos colmillos que sobresalían de la mandíbula superior tenían una forma ligeramente curvada, crecían hacia adelante y hacia abajo y no eran muy grandes. Posiblemente los emplease para defenderse, como el elefante actual.

PALEÓGENO	NEÓGENO	CUATERNARIO
HACE 65-23 MILLONES DE AÑOS	HACE 23-2,5 MILLONES DE AÑOS	HACE 2,5 MILLONES DE AÑOS-ACTUALIDAD

MAMUT

Elefante peludo

Una de las especies de mamut mejor conocidas es el llamado mamut lanudo, que vivió en las tundras y estepas frías del norte de Europa, Asia y América.

DATOS

Tamaño
Unos 6 m de largo y hasta 3,5 m de alzada

Peso
Alrededor de 6 toneladas

Dieta
Sobre todo, hierba; también cualquier tipo de vegetales

Las patas delanteras acababan en cinco dedos y las traseras, en cuatro.

TRIÁSICO	JURÁSICO	CRETÁCICO
HACE 252-201 MILLONES DE AÑOS	HACE 200-145 MILLONES DE AÑOS	HACE 145-66 MILLONES DE AÑOS

▽ Diariamente comía unos ¡180 Kg de vegetales! Abría agujeros en la nieve con los colmillos y usaba la trompa para arrancar la hierba y llevársela a la boca.

▶ ¡Vaya colmillos!

Igual que los elefantes actuales, el mamut lanudo tenía muy desarrollados dos dientes incisivos de la mandíbula superior, los llamados «colmillos», que adoptaban una gran curvatura y podían alcanzar los 5 m de longitud, aunque lo habitual era que midiesen unos 2,5 m y pesasen alrededor de 50 kg. Estaban presentes tanto en machos como en hembras, aunque en los primeros eran más grandes y curvos.

◀ Las orejas eran relativamente pequeñas; solo medían 30 cm de largo.

▲ Sobre los hombros y la cabeza tenía unos abombamientos en forma de cúpula.

▶ La trompa era musculosa, muy flexible y con ella podía agarrar cualquier cosa.

Sin miedo al frío

El mamut lanudo tenía el cuerpo cubierto de una densa capa de pelo de textura áspera y de hasta 90 cm de largo. Además de este manto tan abrigadito, bajo la piel se extendía una gruesa capa de grasa, de entre 8 y 10 cm de grosor, que actuaba como aislante.

PALEÓGENO
HACE 65-23 MILLONES DE AÑOS

NEÓGENO
HACE 23-2,5 MILLONES DE AÑOS

CUATERNARIO
HACE 2,5 MILLONES DE AÑOS-ACTUALIDAD

COELODONTA

Rinoceronte lanudo

Le conocemos gracias a ejemplares momificados
de Siberia, así como por las pinturas rupestres.

TRIÁSICO	JURÁSICO	CRETÁCICO
HACE 252-201 MILLONES DE AÑOS	HACE 200-145 MILLONES DE AÑOS	HACE 145-66 MILLONES DE AÑOS

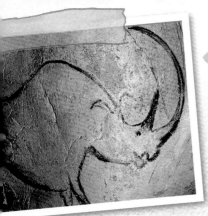

Rinoceronte pintado en la cueva de Chauvet (Francia).

Tenía dos cuernos: uno situado sobre la nariz de hasta 60 cm de longitud; y otro más pequeño entre los ojos.

Cuerno XXL

Tenía un largo cuerno formado por queratina (como tus uñas) y aplanado lateralmente, con el que buscaba alimentos hurgando en el hielo. También le servía de defensa frente a sus enemigos u otros rinocerontes, para atraer a las hembras y para vencer en las férreas peleas que se producían durante la época de celo.

Adaptación a lo grande

Una de las adaptaciones más habituales al clima frío es el aumento de tamaño, para minimizar la pérdida de calor. Los rinocerontes lanudos crecieron hasta alcanzar un tamaño ligeramente mayor que el del actual rinoceronte blanco. ¡Solo su cabeza medía cerca de un metro de largo!

Rinoceronte actual.

Las orejas del rinoceronte lanudo eran más estrechas que las de los rinocerontes actuales; tenían forma lanceolada, con la punta redondeada.

El cuerno posterior era más ancho, casi cónico, y con la punta redondeada.

Su cuello y su dentadura estaban preparados para cortar grandes bocados de forraje del suelo.

Su cuerpo robusto y de grandes dimensiones, su pelaje grueso y largo y sus patas cortas pero muy gruesas, convertían al rinoceronte lanudo en una auténtica mole animal capaz de imponer respeto a cualquier criatura.

PALEÓGENO	NEÓGENO	CUATERNARIO
HACE 65-23 MILLONES DE AÑOS	HACE 23-2,5 MILLONES DE AÑOS	HACE 2,5 MILLONES DE AÑOS-ACTUALIDAD

GLYPTODON

Gigantesco armadillo acorazado

Con el tamaño de un automóvil pequeño y recubierto de una inexpugnable coraza, este animal tenía todo el aspecto de un tanque. Sin duda, impresionaba.

DATOS

Tamaño
Casi 3,5 m de largo y 1,5 m de alto

Peso
Más de 2 toneladas

Dieta
Era un animal herbívoro

Significado del nombre
Diente con surco o esculpido

¡A luchar!

Los fósiles encontrados evidencian que las luchas entre individuos de esta misma especie eran muy frecuentes. En ellas empleaba la cola como arma de ataque, moviéndola de lado a lado igual que un jugador de béisbol maneja el bate. Y la fuerza que imprimía al golpe dado con ella, era suficiente para romper el caparazón de su rival. ¡Parece que era un animal belicoso y con muy mal carácter!

▲ La cola era fuerte, flexible y la movía con fuerza de lado a lado. ¡Era un arma terrible!

TRIÁSICO
HACE 252-201 MILLONES DE AÑOS

JURÁSICO
HACE 200-145 MILLONES DE AÑOS

CRETÁCICO
HACE 145-66 MILLONES DE AÑOS

▶ Armadura de placas óseas

El caparazón lo formaban más de 1000 placas óseas u osteodermos de contorno poligonal y forma de roseta, que en los jóvenes dejaban profundos surcos entre ellas y cuando el animal alcanzaba la edad adulta, se soldaban dando lugar a una armadura rígida de aspecto similar a una cúpula y con un grosor variable según las especies. Pero su protección no quedaba ahí, ya que también contaba con un «casco» óseo que protegía la parte superior del cráneo y un estuche óseo que recubría la cola.

▲ *Osteodermos del Glyptodon.*

◀ Para soportar el enorme peso del caparazón, las vértebras estaban fusionadas en una barra.

◀ Este animal no podía esconder la cabeza dentro del caparazón, como hacen las tortugas para protegerse.

▶ Las patas eran cortas y acababan en unas uñas muy robustas con las que escarbaban el suelo para desenterrar las raíces.

PALEÓGENO	NEÓGENO	CUATERNARIO
HACE 65-23 MILLONES DE AÑOS	HACE 23-2,5 MILLONES DE AÑOS	HACE 2,5 MILLONES DE AÑOS-ACTUALIDAD

SMILODON

El dientes de sable más famoso

Aunque a menudo se le llama «tigre», muchas de las características de este enorme animal, uno de los mayores mamíferos de la prehistoria, le hacen más parecido a una pantera o un lince.

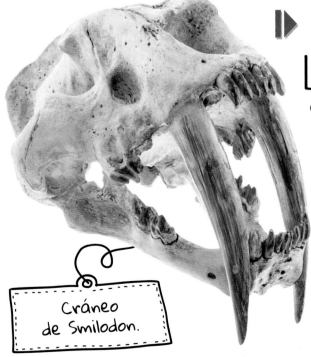

Cráneo de Smilodon.

▶ Enormes cuchillos

Los «sables» eran curvos, tenían el borde posterior aserrado y eran de sección oval, es decir, más largos que anchos. Esta circunstancia, que no se da en los felinos actuales, cuyos colmillos son cónicos, unida a su gran longitud, los hacía más frágiles y aumentaba la probabilidad de que se rompieran si impactaban con los huesos de sus presas; la fuerza de la mordida era más débil.

TRIÁSICO	JURÁSICO	CRETÁCICO
HACE 252-201 MILLONES DE AÑOS	HACE 200-145 MILLONES DE AÑOS	HACE 145-66 MILLONES DE AÑOS

Aunque todo el cuerpo era muy robusto, los músculos más desarrollados eran los de los hombros y el cuello, para que el animal pudiera bajar la cabeza con fuerza al morder.

La cola corta y la longitud de los huesos de la mano hacen pensar que era un veloz corredor.

DATOS

Tamaño
Más de 2,5 m de largo y 1,25 m de alto en la cruz

Peso
Hasta 300 kg

Dieta
Carnívoro

Significado del nombre
Dientes de cuchillo

Tenía un sentido del olfato más desarrollado que los felinos actuales.

77

Los caninos sobresalían hasta 20 cm, aunque la longitud total era superior.

Las patas delanteras eran muy musculosas. Con ellas sujetaba a las presas.

Técnica de caza

Cazaba animales más grandes que él, a los que, debido a la fragilidad de sus «sables», no les rompía la columna vertebral, como hacen los félidos actuales, sino que les mordía en el cuello para impedirles respirar. Después, solo tenía que esperar a que la presa dejara de debatirse.

PALEÓGENO	NEÓGENO	CUATERNARIO
HACE 65-23 MILLONES DE AÑOS	HACE 23-2,5 MILLONES DE AÑOS	HACE 2,5 MILLONES DE AÑOS-ACTUALIDAD

▮▮ ¡Solo alcanzó la hierba!

Este animal no tenía dientes incisivos ni caninos, pero sí unas muelas enormes, parecidas a las de los caballos actuales, con unas rugosidades en el esmalte que las hacían perfectas para moler las hierbas más duras.

Este tipo de dentición y la posición de la cabeza, orientada hacia abajo, hace suponer que solo podía alcanzar las plantas bajas de los pastos. Para arrancarlas, empleaba los labios.

El tamaño importa

Cuando un animal no es depredador y vive en terrenos abiertos, como praderas o estepas, solo tiene dos soluciones para escapar del ataque de los carnívoros: ser un excelente corredor o alcanzar un tamaño enorme. *Elasmotherium* adoptó esta última solución, que, si bien le restaba velocidad, posibilitaba que el atacante se alejara asustado por semejante mole.

▮▮ Las patas eran más largas que las de los rinocerontes actuales.

TRIÁSICO	JURÁSICO	CRETÁCICO
HACE 252-201 MILLONES DE AÑOS	HACE 200-145 MILLONES DE AÑOS	HACE 145-66 MILLONES DE AÑOS

ELASMOTHERIUM

El unicornio siberiano

Tan grande como un mamut y con un enorme cuerno en la frente, este pariente de los rinocerontes actuales no necesitaba mucho más para que los predadores se lo pensasen dos veces antes de atacarle.

▽ Se desconoce si estaba cubierto de pelo lanoso o tenía la piel gruesa y «desnuda».

▶ El cuerno podía alcanzar los 2 m de largo.

▶ Su forma de caminar era similar a la de un caballo.

DATOS

Tamaño
5 m de largo y 2 m de altura en la cruz

Peso
Entre 4 y 5 toneladas

Dieta
Plantas de crecimiento bajo, pastos

Significado del nombre
Bestia de la llanura siberiana

PALEÓGENO	NEÓGENO	CUATERNARIO
HACE 65-23 MILLONES DE AÑOS	HACE 23-2,5 MILLONES DE AÑOS	HACE 2,5 MILLONES DE AÑOS-ACTUALIDAD

ÍNDICE